www.queridokinderboeken.nl
www.annie-mg.com
www.noellesmit.nl

Eerste en tweede druk, 2017;
derde en vierde druk, 2018

Vormgeving Roald Triebels

ISBN 978 90 451 2123 9 / NUR 273

Annie M.G. Schmidt

Dikkertje Dap

Met tekeningen van Noëlle Smit

Em. Querido's Kinderboekenuitgeverij,
Amsterdam 2018

Dikkertje Dap klom op de trap
’s morgens vroeg om kwart over zeven
om de giraf een klontje te geven.

Dag Giraf, zei Dikkertje Dap,
weet je, wat ik heb gekregen?
Rode laarsjes voor de regen!

’t Is toch niet waar, zei de giraf,
Dikkertje, Dikkertje, ik sta paf.

O Giraf, zei Dikkertje Dap,
’k moet je nog veel meer vertellen:

Ik kan al drie letters spellen:
a b c, is dat niet knap?

t
w
b

Ik kan ook al bijna rekenen!
Ik kan mooie poppetjes tekenen!

Lieve deugd, zei de giraf,
kerel, kerel, ik sta paf.

Zeg Giraf, zei Dikkertje Dap,
mag ik niet eens even bij je
stiekem van je nek af glijen?

Zo maar eventjes voor de grap,
denk je dat de grond van Artis
als ik neerkom, heel hard is?

Stap maar op, zei de giraf,
stap maar op en glij maar af.

Dikkertje Dap klom van de trap
met een griezelig grote stap.
Op de nek van de giraf
zette Dikkertje Dap zich af,

roetsjj, daar gleed hij met een vaart
tot aan ’t kwastje van de staart.

Boem!

Au!!

Dag Giraf, zei Dikkertje Dap.
Morgen kom ik weer hier met de trap.